A LUZ NO FIM DO TÚNEL

Estratégias para superar a

dependência química

CAROLINE LUIZA SILVA

A LUZ NO FIM DO TÚNEL

Estratégias para superar a dependência química

Dados Internacionais de Catalogação na Publicação (CIP)
(Câmara Brasileira do Livro, SP, Brasil)

Silva, Caroline Luiza
A luz no fim do túnel : estratégias para superar a dependência química / Caroline Luiza Silva. -- Passos, MG : Ed. da Autora, 2024.

ISBN 978-65-01-01202-5

1. Autoajuda (Psicologia) 2. Dependência química
3. Dependência química - Prevenção 4. Drogas - Abuso - Aspectos psicológicos 5. Superação
6. Vícios - Aspectos psicológicos I. Título.

24-2205003205003 CDD-158

Índices para catálogo sistemático:

1. Dependência química : Superação : Psicologia aplicada 158

Aline Graziele Benitez - Bibliotecária - CRB-1/3129

Dependência Química

Dedico esse livre a:

Todas as pessoas que acreditam na força da superação e na esperança da recuperação.

________________________/___/_____

Agradecimentos

Agradecimento especial a cada leitor que se encoraja a ler as páginas deste livro, acreditando firmemente que existem passos que podem auxiliar na recuperação, e é por isso que este projeto ganhou vida.

Quero expressar minha gratidão a todas as pessoas e famílias que se comprometem a viver e ajudar o próximo nessa jornada, compartilhando suas histórias e assimtornando a recuperação cada vez mais possível de ser superada. Juntos, estamos construindo um caminho de luz e superação.

Acredite na força da transformação. Cada passo em direção à recuperação é uma vitória sobre a escuridão. Você não está sozinhonesta jornada. Juntos, construímos um caminho de esperança e superação.

A recuperação não é uma linha reta,mas sim uma jornada de altos e baixos. O importante é continuar avançando

Antes de Começarmos: Minha Jornada até Aqui

Meu nome é Caroline. A decisão de escrever este livro surgiu de um desafio pessoal que enfrento há 13 anos com meu irmão Junior. Ele sempre foi um garoto bonito, um atleta apaixonado por esportes e extremamente tímido, com poucos amigos e sempre preferindo ficar em casa. Desde cedo, enfrentou problemas de saúde frequentes, e, com nossos pais sempre trabalhando duro para nos proporcionar o melhor possível, Junior ficava muito tempo sob os cuidados de nossa avó. Ele sempre teve o que queria, em partes, porque nunca foi de fazer exigências ou dar trabalho - até os 12 anos, quando decidiu experimentar maconha e, não muito depois, cocaína. Descobriu nesse caminho uma forma de se sentir livre de sua timidez, capaz de conversar, se expressar, namorar e fazer amigos. Nossa família suspeitou pela primeira vez que algo estava errado quando ele roubou meu carro da garagem, dando início a uma perseguiçãoque seria nosso primeiro grande susto.

A partir daí, os sinais de que ele poderia estar usando drogas se tornaram mais evidentes. As coisas se deterioraram rapidamente: Junior começou a ter paranoia, acreditando que nosso pai não gostava dele, agredindo verbalmente nossos pais, cometendo atos de violência física e emocional.

Diante dessa situação caótica, eu, frustrada e preocupada, conversei com meus pais sobre a possibilidade de uma internação. Sem qualquer conhecimento prévio ou experiência na área, começamos a frequentar reuniões, de famílias que enfrentavam problemas semelhantes. Apesar da resistência inicial, a situação do Junior levou a sua primeira internação. Eu imaginava que ele sairia de lá curado, mas a realidade foi outra. A batalha de minha mãe, em particular, contra a esperança e a desesperança marcaram profundamente esses momentos.

Após um período de aparente melhora, Junior recaiu, levando nossa família a um estado constante de medo e incerteza. As agressões, recaídas e tentativas de sobriedade se sucederam ao longo de 13 anos. Foi então que percebi que a dependência química não era uma escolha, mas sim uma doença grave que necessitava de tratamento especializado e, acima de tudo, de um suporte familiar incondicional.

Essa longa jornada me levou a estudar profundamente o tema, buscando entender não apenas a natureza da dependência, mas também como poderíamos, como família, oferecer o apoio necessário sem nos perdermos no processo. Aprendi que a raiva e o ressentimento são sentimentos comuns, mas contraproducentes, e que a chave para ajudar realmente alguém em recuperação é o amor, a compreensão e, principalmente, a esperança.

Decidi escrever este livro para compartilhar nossa história, oferecendo suporte e esperança a outras famílias que enfrentam desafios semelhantes. A dependência química é um problema complexo, que afeta não apenas o indivíduo, mas todos ao seu redor. Através deste relato, espero iluminar um caminho de compreensão, aceitação e, finalmente, de recuperação.

1

Entendendo a Dependência

Embora não exista uma única causa para a dependência, este segmento discute os múltiplos fatores que podem contribuir para o desenvolvimento da doença;
Incluindo predisposição genética, influências ambientais, experiências de vida traumáticas e de condições de saúde mental.

Ela não se manifesta apenas como um desejo intenso de consumir drogas ou álcool; ela altera a química cerebral de maneira que o uso da substância se torna uma prioridade para o indivíduo, muitas vezes à custa de outras atividades importantes em sua vida. Este capítulo explora as definições médicas de dependência, destacando os critérios diagnósticos e os sinais físicos e comportamentais que podem indicar a presença de uma dependência.
A dependência química é uma condição complexa que envolve comportamentos, cognições erespostas fisiológicas após o uso repetido de determinada substância.
Alguns dos sintomas associados à dependência química incluem:

Desejo incontrolável de usar a substância:
A pessoa sente um forte desejo ou fissura pela substância, quase de forma compulsiva.
Esse desejo persistente leva à busca contínua pela droga.

Perda de controle:

O indivíduo tem dificuldade em controlar a vontade de usar a substância.
Mesmo quando tenta parar, não consegueinterromper o uso.

Tolerância:

A necessidade de doses maiores para atingir o mesmo efeito é um sinal de dependência.
O corpo se adapta à substância, exigindo quantidades crescentes.

Sintomas de abstinência:
Quando a pessoa não usa a droga, surgem sintomas de abstinência.

O ciclo da dependência é uma espiral complexa que envolve várias etapas e desafios. Vamos explorar cada uma delas:

Uso Inicial:

Começa com a experimentação da substância. Pode ser por curiosidade, pressão social ou busca de prazer.

O uso inicial geralmente não é problemático, mas pode levar à próxima fase.

Tolerância:
Com o tempo, o corpo se adapta à substância. Isso significa que a mesma dose não produz mais o mesmo efeito.
O usuário precisa aumentar a quantidade para obter o mesmo resultado.

Aumento da Dose:

Para combater a tolerância, o usuário consome mais da substância.
Isso pode levar a um ciclo perigoso, pois o corpo se torna mais dependente.

Abstinência:
Quando o usuário tenta parar ou reduzir o uso, enfrenta sintomas de abstinência.
- Esses sintomas variam de acordo com a substância e incluem ansiedade, tremores, náuseas e insônia.

Sintomas podem incluir sudorese, tremores, ansiedade e outros desconfortos físicos e emocionais.

O diagnóstico da dependência química é baseado em critérios específicos, como os do Manual Estatístico e Mental de Transtornos Mentais (DSM-IV) e da Classificação Internacional de Doenças (CID-10).

Esses critérios consideram a frequência e a gravidade do uso da substância. É fundamental buscar ajuda profissional para avaliação e tratamento adequados.

A dependência química é um problema complexo que transcende as fronteiras individuais. Vamos explorar como ela impacta não apenas os indivíduos, mas também suas famílias, comunidades e a sociedade como um todo:

Famílias:

Desintegração Familiar: A dependência química pode causar tensões familiares, rupturas e divórcios.

Cuidadores Sobrecarregados: Familiares muitas vezes assumem o papel de cuidadores, enfrentando estresse emocional e físico.

Dificuldades Financeiras:

O custo das substâncias e o impacto na capacidade

de trabalho podem levara dificuldades financeiras.
A ausência do pai pode ser um fator relevante no desenvolvimento de problemas relacionados ao uso de drogas.

Vamos explorar como essa ausência pode influenciar:

Falta de Referência e Apoio:
A presença paterna é fundamental para fornecer referência e apoio emocional.
Quando o pai está ausente, o adolescente pode buscar essas necessidades em outras fontes, como amigos ou substâncias.

Modelo de Comportamento:
O pai desempenha um papel importante como modelo de comportamento.
Se o pai usa drogas ou tem comportamentos de risco, o adolescente pode imitar esses padrões.

Vazio Emocional:
A ausência do pai pode criar um vazio emocional.
O adolescente pode buscar preencher esse vazio com experiências de risco, incluindo o uso de drogas.
Relações Interpessoais:
A falta de uma figura paterna pode afetar as habilidades de relacionamento do adolescente. Isso pode levar a dificuldades em estabelecer conexões saudáveis e buscar apoio social.

Autoestima e Identidade:

A presença do pai está ligada à autoestima e à formação da identidade.
A ausência pode impactar negativamente esses aspectos, aumentando o risco de comportamentos autodestrutivos.

É importante lembrar que cada caso é único, e outros fatores também influenciam o uso de drogas. O apoio familiar e a busca por ajuda profissional são essenciais para enfrentar esses desafios.

Ciclo Intergeracional: A dependência pode ser transmitida de pais para filhos, perpetuando o ciclo.
Compreender as causas pode ajudar as famílias a reconhecerem a complexidade da dependência e a eliminarem o estigma associado a ela.
Saúde Física e Mental: A dependência química afeta diretamente a saúde física e mental dos indivíduos. O uso contínuo de substâncias pode levar a doenças crônicas, danos aos órgãos e distúrbios psicológicos.

A dependência química causa alterações significativas no cérebro, afetando sistemas que regulam recompensa, motivação e memória.
Isolamento Social: Muitas vezes, os dependentes químicos se isolam, perdendo conexões sociais e relacionamentos significativos.

Vamos explorar os efeitos físicos e mentais da dependência química:

Efeitos Físicos:

Danos ao Fígado: O uso prolongado de substâncias como álcool e drogas, pode causar hepatite, cirrose e até insuficiência hepática.

Impacto no Coração: Substâncias estimulantes,como a cocaína, podem levar a hipertensão, arritmias e até ataques cardíacos.
Problemas Pulmonares: Fumar tabaco ou usar drogas inalantes pode danificar os pulmões, causando doenças respiratórias crônicas.

Sistema Nervoso Central: O abuso de substâncias afeta o sistema nervoso, resultando em tremores, convulsões e até danos cerebrais.

Efeitos Mentais:

Ansiedade e Depressão: Muitas substâncias alteram os neurotransmissores no cérebro, levando a sintomas de ansiedade e depressão.

Paranoia e Delírios: Drogas psicoativas, como a maconha ou anfetaminas, podem causar paranoia, alucinações e pensamentos delirantes.

Alterações de Humor:

A dependência química frequentemente causa oscilações de humor, levando a irritabilidade, tristeza e raiva.
A dependência química pode se desenvolver em qualquer pessoa que faça uso de uma substância entorpecente. No entanto, certos grupos têm maior probabilidade de desenvolver dependência. São eles:

Adolescentes:

A fase da adolescência é um período de experimentação e busca por identidade.

O uso precoce de substâncias aumenta o risco de dependência.

Homens Adultos:

Os homens têm maior prevalência de dependência química em comparação com as mulheres.

Fatores biológicos e sociais podem contribuir para essa diferença.
Pessoas com Histórico Familiar de Dependência:

A genética desempenha um papel importante na predisposição à dependência.

Se há casos de dependência na família, o risco aumenta.

Sociedade:

Impacto Econômico: A dependência química tem custos econômicos significativos, incluindo tratamento, perda de produtividade e criminalidade.

A Esperança na Recuperação

Encerrando o capítulo com uma nota de otimismo, destacamos que existem histórias reais de recuperação. Não se esqueçam de que as primeiras etapas para buscar ajuda são fundamentais e que o apoio familiar é importante no processo de recuperação.
Nesta imagem, vemos um adolescente sentado em um banco na rua durante a noite. A escuridãoao redor dele cria uma atmosfera de solidão e reflexão. A cena nos lembra da importância de oferecer apoio e oportunidades para jovens em situações vulneráveis.

Em suma, a dependência química não é apenas um problema individual; é uma questão social que exige esforços colaborativos para enfrentá-la de maneira eficaz.

2

Prevenção e Educação

A prevenção e a educação são pilares fundamentais no combate à dependência química.
Vamos explorar por que esses aspectos são tão cruciais:

Prevenção:
A prevenção visa evitar que as pessoas desenvolvam dependência química em primeiro lugar.

Estratégias de prevenção incluem:

Educação nas Escolas: Ensinar crianças e adolescentes sobre os riscos das substâncias e como tomar decisões saudáveis.
Campanhas de Conscientização: Informar o público sobre os perigos do uso indevido de drogase álcool.
Restrições de Acesso: Controlar o acesso a substâncias, especialmente para grupos de alto risco.

Educação:

A educação é poder. Quanto mais as pessoas souberem sobre os efeitos das substâncias, mais preparadas estarão para tomar decisões informadas. Aspectos importantes da educação incluem:
Sinais Precoces: Ensinar a reconhecer os sinais precoces de dependência em si mesmas ou em outras pessoas.
Busca de Ajuda: Informar sobre onde buscar ajuda profissional e como apoiar alguém que está lutando contra a dependência.
Compreensão do Estigma: Desmistificar a dependência química e combater o estigma associado a ela.

A prevenção da dependência química é fundamental para evitar que as pessoas desenvolvam problemas relacionados ao uso de drogas. Aqui estão algumas estratégias para prevenir a dependência:
Prevenção Primária:

- A prevenção primária visa evitar ou retardar o contato das pessoas com substâncias que podem causar dependência.

- É voltada principalmente para crianças e adolescentes por meio de intervenções educativas e precoces.

Objetivos:
- Conscientização: Educar sobre os riscos das drogas.
- Sensibilização: Alertar sobre os problemas relacionados ao consumo.

Compreensão dos Fatores de Risco:
Identifique os fatores de risco que podem levar alguém a consumir drogas.

Isso inclui situações de vulnerabilidade social e emocional

.
Educação e Informação:

Promova programas educativos nas escolas e comunidades.

Ensine sobre os efeitos negativos das drogas e como tomar decisões saudáveis.

Fortalecimento dos Vínculos Familiares:

- A família desempenha um papel crucial na prevenção.

- Comunicação aberta, apoio emocional e conexões familiares saudáveis são essenciais.

Atividades Alternativas:

Incentive atividades positivas e relaxantes.
-Exercícios, leitura, voluntariado e criação artística ajudam a tirar a mente do uso de drogas.

Redução do Estigm:
Combata o estigma associado à dependência.
Isso facilita a busca por ajuda e tratamento.
Impacto Social:

A prevenção e a educação têm um impacto direto na sociedade como um todo:

Famílias Fortalecidas: Famílias informadas podem apoiar melhor seus entes queridos.

Comunidades Mais Saudáveis: Com menos casosde dependência, as comunidades prosperam.

Responsabilidade Coletiva:
Todos têm um papel a desempenhar na prevençãoe educação.

As políticas públicas podem promover campanhas antiestigma e garantir que os direitos dos dependentes sejam protegidos.

Leis e Regulamentações:

A sociedade precisa de leis e regulamentações eficazes para controlar a disponibilidade de substâncias viciantes.
As políticas públicas podem abordar questões como a legalização de drogas, restrições de venda e penalidades para tráfico.

Apoio às Famílias e Comunidades:

A sociedade deve apoiar famílias afetadas pela dependência química. Isso inclui programas de aconselhamento, grupos de apoio e assistência financeira.

As políticas públicas podem criar redes de suporte para famílias e comunidades, fortalecendo os laços sociais.

A sociedade deve apoiar pesquisas sobre tratamentos, prevenção e recuperação.
As políticas públicas podem incentivar a pesquisa científica e a colaboração entre instituições acadêmicas e profissionais de saúde.
Em resumo, a dependência química é um problema que exige uma abordagem holística. A sociedade e as políticas públicas têm a responsabilidade de trabalhar juntas para criar um ambiente mais saudável e apoiador para todos.

A dependência química é uma epidemia global que afeta milhões de pessoas. Vamos explorar as taxas de mortalidade associadas a essa condição:
Anualmente, a dependência química e o consumo de drogas resultam em mais de 200 mil mortes em todo o mundo.

Por regiões:

Ásia: Lidera com 45% das vítimas.
América do Norte: Representa 25% das mortes.
África: Contribui com 20%.
Europa: Relata 9%. América Latina: Tem 4%.
Oceânia: Apresenta 1% das mortes.

Esses números destacam a urgência de abordar a dependência química por meio de prevenção, tratamento e conscientização. A vida de cada indivíduo afetado é valiosa, e a luta contra essa doença requer esforços coletivos.

Governos, escolas, profissionais de saúde, famílias e indivíduos devem trabalhar juntos.

Em resumo, investir em prevenção e educação é investir em um futuro mais saudável e resiliente.

Lembre-se de que a dependência éuma luta difícil, e a pessoa precisade apoio, não de condenação.

3

Mitos e Verdades Sobre a Dependência

A jornada para entender a dependência é frequentemente embaraçada por mitos e conceitoserrôneos que podem obscurecer, o caminho para o apoio efetivo e a recuperação. Este capítulo visa esclarecer esses equívocos, confrontando diretamente os mitos mais persistentes com fatos e evidências, ao mesmo tempo em que aborda o estigma prejudicial que muitas vezes acompanha as pessoas em sua luta contra a dependência.

2.1 Confrontando os Mitos

A sociedade está repleta de mitos sobre a dependência, desde a ideia de que é simplesmente uma falha de caráter ou falta de força de vontade, até a crença de que certas substâncias não são viciantes. Este segmento desmantela essas noções falsas, oferecendo uma compreensão baseada na ciência sobre o que é a dependência - uma doença complexa que envolve interações entre o cérebro, genética, ambiente e experiênciasde vida.

O Estigma e Seus Efeitos

O estigma associado à dependência é um dos maiores obstáculos ao tratamento e recuperação. Ele pode levar ao isolamento, à vergonha e ao medo de buscar ajuda.

Estratégias para Desmistificar a Dependência

As Famílias precisam desmistificar a dependência, promovendo uma compreensão mais profunda e um diálogo aberto sobre a doença. Isso inclui procurar histórias de recuperação, promover a educação sobre a saúde mental e a dependência, e encorajar uma abordagem mais compreensiva e baseada na saúde.

Superando o Estigma Juntos

A ação para superar coletivamente o estigma associado à dependência, reconhecendo a importância do apoio comunitário, da compreensão empática e da intervenção precoce. Sublinhando a necessidade de uma mudança de paradigma, de ver a dependência não como um falhanço moral, mas como uma questão complexa de saúde que requer compaixão, compreensão e apoio adequado.
Este capítulo se dedica a desfazer os nós dos mal-entendidos e preconceitos que cercam a dependência, pavimentando o caminho para uma sociedade onde as pessoas afetadas sejam vistas e

tratadas com a dignidade e o respeito que merecem, encorajando assim um ambiente mais favorável à recuperação e à reabilitação.

"A força não vem daquilo que podemos fazer facilmente, mas dassuperações que pensávamos ser impossíveis."

Propósito e Serviço:

Descubra seu propósito de vida. Como você pode contribuir para o bem-estar dos outros?

O serviço aos outros é uma expressão poderosa de espiritualidade.

Lembre-se de que a espiritualidade é uma jornada pessoal. Explore diferentes caminhos e encontre o que ressoa com você.

4

Para o Paciente - Manutenção da Sobriedade ePrevenção de Recaídas

Esse capítulo é voltado para o próprio paciente que está em recuperação!

O reconhecimento dos sinais de alerta, a utilização de técnicas de distração e substituição, e a implementação de planos de ação pessoal para situações de risco são muito importante.
Mas como? Segue algumas estratégias para gerenciar os desejos;

Mantenha um Diário de Desejos

Anotar quando e onde você experimenta desejos pode ajudar a identificar padrões e gatilhos específicos. Observe as emoções, os locais e as pessoas que estavam presentes, assim como o que estava fazendo no momento.

Reconheça os Sinais Físicos e Emocionais

Fique atento a sinais físicos (como aumento da frequência cardíaca) e emocionais (como sentimentos de ansiedade ou irritabilidade) que precedem os desejos;

Categorize Seus Gatilhos

Os gatilhos podem ser classificados como emocionais (estresse, ansiedade), sociais (estar com certas pessoas), ambientais (visitar lugares específicos) ou relacionados a padrõesespecíficos de comportamento (horários e rituais).

Aprenda com a Experiência
Se você ceder a um desejo, em vez de se ver como um fracasso use isso como uma oportunidade de aprendizado.

Estratégias de Enfrentamento para Desejos

Distração: Envolver-se em uma atividade que ocupe sua mente pode ajudar a passar o desejo.
Confronto: Enfrente o desejo reconhecendo-o como uma sensação temporária que vai passar. Lembre-se dos motivos pelos quais você escolheu a recuperação.
Relaxamento: Técnicas de respiração, meditaçãoou exercícios físicos podem reduzir a intensidade dos desejos.

Evite Gatilhos Quando Possível

Se determinados lugares, pessoas ou atividades desencadeiam desejos, faça o possível para evitá-los, especialmente nos estágios iniciais da recuperação.

Desenvolva um Plano de Ação para Gatilhos Inevitáveis

Para gatilhos que não podem ser completamente evitados, prepare um plano de ação. Isso pode incluir ter uma pessoa de confiança para ligar ou uma lista de razões para se manter sóbrio que você possa revisar.

Use o Apoio Social

Compartilhe seus desafios com amigos de confiança, familiares ou membros de grupos de apoio. Eles podem oferecer suporte, compreensão e responsabilidade.

Desenvolver a habilidade de identificar e gerenciar desejos e gatilhos é um processo contínuo. Com prática e apoio, essas estratégias se tornam mais eficazes, ajudando a fortalecer a resiliência e promover uma recuperação bem-sucedida e duradoura.

Natureza e Espiritualidade:

Passe tempo na natureza
Aprecie a beleza e a conexão com algo maior.
Muitas pessoas encontram espiritualidadeem paisagens naturais.

A cada dia de sobriedade, você está construindo uma nova história. Acredite na sua capacidade detransformação

A espiritualidade pode desempenhar um papel significativo na saúde mental e no bem-estar. Aqui estão algumas maneiras de usar a espiritualidade para ajudar:

Autoconhecimento e Reflexão:

- Dedique tempo para **refletir sobre sua espiritualidade**. Pergunte-se sobre o significado da vida, seus valores e propósito.

Aprofunde-se em práticas como meditação, oração ou contemplação.

Conexão com os Outros:

- A espiritualidade muitas vezes envolve conexões com outras pessoas. Participe de grupos espirituais, comunidades religiosas ou eventos relacionados.
Compartilhe experiências, preocupações e aprendizados com os outros.

Práticas Espirituais Diárias:

Reserve um tempo diariamente para **práticas espirituais**. Isso pode incluir leitura de textos sagrados, momentos de silêncio ou rituais específicos.
Essas práticas ajudam a manter a conexão com o sagrado.

As drogas são capazes de destruir por completo uma pessoa, seus relacionamentos e sua vida. Não permita que elas arranquem de você tudo o que você mais ama. Não permita que elas substituam a sua identidade e o amor dos seus amigos e da sua família. Você está no comando da sua vida. Não deixe que o seu capítulo atual defina o resto da história! Permita-se sonhar com um futuro livre das drogas e dêo seu máximo para torná-lo realidade! Você é capaz de transformar a sua história!

Estabelecendo Metas e Prioridades

O estabelecimento de metas claras e realistas pode fornecer direção e motivação. Discuta e defina objetivos de curto e longo prazo relacionados à saúde, carreira, relacionamentos e desenvolvimento pessoal, e como priorizá-los de maneira que apoiem a jornada de recuperação.

Promovendo Estilos de Vida Saudáveis

Adotar um estilo de vida saudável é fundamental para a recuperação. Abordamos a importância de uma alimentação balanceada, o trabalho, exercícios regulares, sono adequado e hobbies saudáveis que promovam o bem-estar físico e mental. Essas mudanças de estilo de vida não apenas fortalecem a recuperação, mas também melhoram a qualidade de vida geral.

Avaliação Contínua e Ajuste

A recuperação é um processo dinâmico que pode exigir ajustes ao longo do caminho. Encorajamos uma avaliação contínua do plano de recuperação e das estratégias de enfrentamento, fazendo ajustes conforme necessário para atender às mudanças nas circunstâncias ou desafios emergentes.
Ao programar estratégias, indivíduos em recuperação podem fortalecer sua resiliência, aproveitar ao máximo a vida sem dependência e

avançar com confiança em sua jornada para o bem-estar.

Cultivando a Esperança

Estabeleça Metas Realistas: A esperança é alimentada pelo progresso. Estabelecer e alcançar metas realistas pode fornecer evidências tangíveisde melhoria, reforçando a crença na possibilidade de mudança e na capacidade de superar a dependência.
Celebre as Pequenas Vitórias: Cada dia de sobriedade, cada obstáculo superado e cada passo em direção ao objetivo é uma vitória. Celebrar esses momentos pode reforçar a esperança, lembrando-se do progresso que está acontecendo.

Mantendo o Otimismo

Prática da Gratidão: Manter um diário de gratidão ou simplesmente reservar um momento do seu dia para refletir sobre as coisas pelas quais você é grato pode mudar seu foco das dificuldades para as bênçãos, cultivando o otimismo.

Mude a Narrativa: A forma como você fala consigo mesmo importa. Substituir pensamentos negativos por afirmações positivas pode ajudar a manter uma atitude otimista. Lembre-se de suas forças e sucessos anteriores, especialmente nos momentos difíceis.

A Esperança Como Âncora

A esperança serve como uma âncora no mar tempestuoso da recuperação, mantendo você firmemente preso aos seus objetivos de longo prazo e à visão de uma vida livre da dependência.
A recaída é uma parte desafiadora do processo de recuperação da dependência química. Aqui estão algumas orientações para estar preparado:

Compreenda a Recaída:

A recaída não é um fracasso, mas sim uma oportunidade de aprendizado.
Entenda que é normal e faz parte do processo de recuperação.
Identifique os Gatilhos:
Reconheça os gatilhos que podem levar à recaída. Isso pode incluir situações estressantes, emoções intensas ou interações com pessoas que usam substâncias.

Esteja ciente dos sinais de alerta. Plano de Ação Antecipado:

Crie um plano de ação para lidar com a recaída. Isso pode incluir:

Contato com um Apoiador:

Tenha alguém deconfiança para conversar.

Distrações Positivas:

Tenha atividades prontaspara ocupar sua mente.
Evite Situações de Risco: Evite lugares ou pessoas que possam desencadear o uso.

Auto-Compaixão:

Se ocorrer uma recaída, seja gentil consigo mesmo.
Não se culpe.
Lembre-se de que a recuperação é um processo contínuo.

Reavalie e Aprenda:

Após uma recaída, reflita sobre o que aconteceu. O que você pode aprender com essa experiência?
Use essa oportunidade para ajustar seu plano de recuperação.

Busque Ajuda Profissional:

Se a recaída ocorrer, procure ajuda profissional imediatamente.
Terapeutas, grupos de apoio e profissionais desaúde podem oferecer suporte.
O processo de recuperação da dependência química envolve etapas importantes para ajudar osindivíduos a superar o vício e construir uma vida saudável e produtiva. Aqui estão 12 passos frequentemente utilizados em programas de tratamento:

Reconhecimento: O primeiro passo é reconhecer a dependência e admitir que haja um problema com o uso de substâncias.

Aceitação: Aceitar que a dependência é uma doença e que é necessário buscar ajuda.

Busca por Apoio: Procurar apoio de profissionaisde saúde, grupos de apoio ou terapeutas especializados.

Autoconhecimento: Refletir sobre os padrões de comportamento, gatilhos e motivações para o uso de drogas.

Responsabilidad Pessoal: Assumir a responsabilidade pela própria recuperação e tomar medidas ativas para mudar.
Conexão Espiritual: Explorar a espiritualidade, independentemente de religião específica, como parte do processo de cura.

Ampliar a Rede de Apoio: Construir relacionamentos saudáveis e buscar apoio de amigos, familiares e grupos de recuperação.

Perdão e Reconciliação: Reconhecer os danos causados a si mesmo e aos outros, buscandoperdão e reconciliação.

Mudança de Estilo de Vida: Fazer ajustes significativos no estilo de vida, incluindo hábitos alimentares, exercícios e lazer.

Prevenção de Recaídas: Aprender estratégias para evitar recaídas e lidar com situações de risco.

Metas e Propósito Definir metas realistas e encontrar um novo propósito na vida.

Serviço aos Outros: Contribuir para a recuperação de outras pessoas e se envolver em atividades altruístas.
Compromisso com a Mudança

O último segmento do capítulo enfatiza a importância do compromisso contínuo com a mudança. A recuperação é um processo contínuo que requer dedicação, paciência e persistência. Discutimos estratégias para manter a motivação, superar recaídas e celebrar marcos de recuperação, enfatizando que cada passo, não importa quão pequeno, é um progresso em direção a uma vida mais saudável e satisfatória.

Este capítulo serve como um guia compassivo e prático para aqueles que estão prontos para dar os primeiros passos em direção à recuperação, oferecendo esperança e orientação para o caminho que se desenrola à frente.

Para os dependentes químicos, ajornada da recuperação é árdua.
Se você é um dependente em busca da recuperação, ou se conhece alguém assim, confira a nossa seleção de frases, mensagens e textos motivacionais para ajudar no percurso rumo à sobriedade. Com um pequeno passo por dia, você écapaz de reescrever sua história.Lembre-se de que o presente, a sua situação atual, não define o seufuturo, a menos que você assim o permita.

FINALIZO ESSE CAPÍTULO COM A ORAÇÃO DA

SERENIDADE

"Concedei-nos, Senhor, a serenidade necessária para aceitar as coisas que não podemos modificar, coragem para modificar aquelas que podemos e sabedoria para distinguir umas das outras".

5

A Jornada daRecuperação

O Primeiro passo é aceitar que a dependência causou danos significativos à vida do dependente e aos que estão ao seu redor.

Esse reconhecimento é doloroso, mas necessário. Comprometer-se com amudança e a recuperação é fundamental, pois estabelece a base para a transformação pessoal.

A recuperação de uma dependência é frequentemente descrita não como um destino,mas como uma jornada contínua. Este capítulo visa iluminar o caminho dessa jornada, reconhecendo seus altos e baixos e oferecendo orientações sobre como navegar por ela com perseverança e esperança.

Compreendendo a Natureza da Recuperação Inicialmente,aceite a natureza ciclícada recuperação, enfatizando que recaídas ou deslizes não significam falha, mas sim etapas no caminho para a sobriedade duradoura. Este entendimento é crucial para manter a motivação e o compromisso com o processo de recuperação.

Histórias de Sucesso e Superação

Para inspirar e motivar, nos grupos de apoio aos familiares, é compartilhado histórias reais de indivíduos que superaram a dependência. Essas narrativas destacam a variedade de caminhos possíveis para a recuperação, demonstrando que, embora as jornadas sejam pessoais e únicas, o sucesso é possível e alcançável.

A Importância da Esperança e do Otimismo

Manter uma perspectiva de esperança e otimismo é vital. Este segmento aborda como cultivar uma atitude positiva, mesmo diante de adversidades, e como a esperança pode servir como uma âncora, mantendo os indivíduos focados em seus objetivos de longo prazo e na visão de uma vida livre da dependência.

Aprendizado Contínuo e Crescimento Pessoal

A jornada da recuperação é também uma oportunidade para o aprendizado contínuo e o crescimento pessoal. Encorajamos os leitores a se envolverem em atividades que promovam o desenvolvimento pessoal, como educação, voluntariado, ou hobbies, que podem enriquecer suas vidas e reforçar a resiliência contra a dependência.

Renovação de Relacionamentos e Construção de Novas Conexões

Abordamos a importância de renovar relações prejudicadas pela dependência e a construção de novas conexões saudáveis. Relacionamentos fortalecidos e o apoio de uma comunidade podem oferecer suporte vitalício para a recuperação.
Este capítulo conclui o guia com uma nota de encorajamento, lembrando os leitores que, emboraa jornada da recuperação possa ser desafiadora, ela também é repleta de oportunidades para transformação, crescimento e realização pessoal. A recuperação é uma viagem de descoberta pessoal, renovação e esperança.
No caminho da recuperação, enfrentar desafios, incertezas e até recaídas pode ser parte do processo. Nesse contexto, a esperança e o otimismo emergem como faróis de luz, guiando indivíduos através das sombras da dependência em direção a um futuro mais brilhante. Essas atitudes positivas não são meramente sentimentos passageiros; elas são fundamentais para sustentar o esforço contínuo necessário para a recuperação.

Quando os ventos da dúvida e as ondas da tentação ameaçam desviar seu curso, a esperançalembra você do destino que está buscandoalcançar. Ela é a força que puxa você de volta ao caminho quando você tropeça e a luz que ilumina ocaminho em momentos de escuridão.

Construindo uma Rede de Suporte Forte

A importância de uma rede de suporte sólida não pode ser subestimada. Ao estabelecer e manter conexões com grupos de apoio, conselheiros, amigos e familiares que entendem a jornada da recuperação fazem toda diferença para seguir forte e alinhado no propósito. Essas redes fornecem encorajamento, conselhos e um senso de comunidade essencial para a recuperação em longo prazo.

Técnicas de Mindfulness e Relaxamento

O estresse é um gatilho comum para recaídas. Procurar introduzir técnicas de mindfulness e relaxamento como meditação, yoga e respiração profunda, pode ajudar a gerenciar o estresse e as emoções de maneira saudável. A prática regular dessas técnicas pode melhorar o bem-estar mental e físico, auxiliando na manutenção da sobriedade.

Gerenciamento de Desejos e Gatilhos

Identificar e aprender a gerenciar desejos e gatilhos são habilidades cruciais na recuperação.

Recaída:

- A abstinência é difícil de suportar, e muitos

usuários voltam ao uso da substância.

A recaída reforça o ciclo, tornando-o ainda mais difícil de quebrar.
Ciclo Contínuo:

O ciclo da dependência continua, com o usuário alternando entre uso, tolerância, aumento da dose, abstinência e recaída.

A dependência química se torna uma prisão emocional e física.

É importante entender que a dependência não é apenas uma questão de força de vontade. Envolve mudanças neuroquímicas no cérebro e requer apoio, tratamento e compreensão.

Conclusão

Cultivar, manter a esperança e o otimismo são habilidades cruciais na jornada da recuperação. Elas não negam as dificuldades e desafios do processo, mas oferecem a perspectiva e a força necessárias para enfrentá-los. Ao abraçar a esperança e o otimismo, você se equipa com ferramentas poderosas para não apenas sobreviver na recuperação, mas prosperar, movendo-se sempre em direção a uma vida mais saudável e satisfatória.

6

Para as Famílias

Este capítulo busca fornecer uma base sólida de conhecimento sobre a dependência química.

Encorajando a compreensão e a empatia, que são fundamentais para apoiar efetivamente um ente querido na sua jornada para a recuperação.

Eduque-se sobre a Dependência

Compreender a natureza da dependência podeajudar as famílias a fornecer o tipo certo de suporte e compreensão.

Comunique-se Aberta e Honestamente

Mantenha linhas de comunicação abertas com seu ente querido em recuperação, oferecendo suporte sem julgamento.

Estabeleça Limites Saudáveis

Limites são essenciais para a saúde e o bem- estar tanto do indivíduo em recuperação quanto dos membros da família. Estabeleça limites claros relacionados a comportamentos e responsabilidades.

Participe do Processo de Recuperação
Se possível, envolva-se em sessões de terapia familiar ou reuniões de grupos de apoio para famílias, como Al-Anon, para entender melhor como apoiar seu ente querido.

Cuide de Sua Própria Saúde Mental
Reconheça que cuidar de alguém em recuperação pode ser emocionalmente desgastante. Não hesite em buscar apoio parasi mesmo, que seja através de terapia, grupos de apoio ou atividades que promovam seu próprio bem-estar.

Ao implementar estas estratégias, indivíduos em recuperação e suas famílias podem fortalecer a resiliência, aproveitar a vida sem dependência e avançar com confiança. A jornada para a recuperação é desafiadora, mas com os passos certos, o apoio adequado e um compromisso contínuo com o bem-estar, uma vida plena e saudável é alcançável.
Evite Facilitar o Uso de Substâncias:
Não forneça dinheiro para comprar drogas ou álcool.

Evite situações em que a pessoa possa sertentada a usar substâncias.

Promova um Ambiente Saudável:

Ofereça alternativas saudáveis para lidar com o estresse e a ansiedade.
Incentive atividades físicas, hobbies e interações sociais positivas.

Esteja Preparado para a Recaída:

A recaída é comum no processo de recuperação.Não a veja como um fracasso.
Esteja lá para apoiar e encorajar a retomada do tratamento.

Lembre-se de que ajudar um dependente químico requer paciência, persistência e compaixão. Você não está sozinho nessa jornada de apoio. Nunca desista da sua família. Ela é seu maior patrimônio, seu mais precioso tesouro. Mesmo quando enfrentamos dificuldades ou problemas, nossa família está lá para nos ajudar a encontrar uma solução. O mundo podeestar desabando, mas é bom saber que, no finaldo dia, temos um lugar onde seremos bem- vindos. Não importa a dificuldade que vocêesteja passando, o mais importante é você saber que não está passando por isso sozinho.Nossa família é o lugar onde nos encorajamos,consolamos uns aos outros, afirmamos uns aos outros e nos divertimos juntos, mesmo na adversidade. E se minha família não for assim?Todos esses são ideais de como a família deveria ser. Na realidade, nenhuma família é perfeita, e algumas apresentam graves problemas. Mas isso não significa que devemos desistir de ter uma família; em vez disso, podemos tentar ser o fator de unidade e reconciliação que reúna nossa família.

Perdão e Gratidão:
Pratique o perdão.
Libereressentimentos e mágoas.
Cultive a gratidão.
Reconheça asbênçãos em sua vida.

Ajudar alguém com dependência química é uma tarefa desafiadora, mas pode fazer uma grande diferença na vida dessa pessoa.

Aqui estão algumas maneiras práticas de oferecer apoio;

Compreenda a Dependência Química:

Eduque-se sobre o que é a dependência química e como ela afeta a mente e o corpo.
Entenda que a dependência é uma doença que requer tratamento.

Seja Empático e Não Julgue:

Mostre empatia e evite julgamentos oucríticas.

Ofereça Suporte Emocional:

Esteja disponível para ouvir. Às vezes, apenas conversar pode ser reconfortante.
Mostre que você se importa e está disposto aapoiar durante o processo de recuperação.

Incentive o Tratamento Profissional:

Encoraje a busca por ajuda profissional. Issopode incluir terapia, grupos de apoio ou internação.
Acompanhe a pessoa a consultas médicas e terapêuticas, se possível.

"As drogas são capazes de destruir por completo uma pessoa, seus relacionamentos e sua vida". Não permita que elas arranquem de você tudo o que você mais ama. Não permita que elas substituam a sua identidade e o amor dos seus amigos e da sua família. Você está no comando da sua vida. Não deixe que o seu capítulo atual defina o resto da história! Permita-se sonhar com um futuro livre das drogas e dêo seu máximo para torná-lo realidade! Você é capaz de transformar a sua história!

10 PASSOS IMPORTANTES

Primeiro passo, SE AMAR EM PRIMEIRO LUGAR.

Segundo passo, RECONHECER A DEPENDÊNCIA.

Terceiro passo, PROCURAR AJUDA.

Quarto passo, ACEITAR A AJUDA.

Quinto passo, SEGUIR AS INSTRUÇÕES DOS PROFISSIONAIS.

Sexto passo, MUDAR OS HÁBITOS FAMILIARES.

Sétimo passo, ACOLHER O DEPENDENTE.

Oitavo passo, RESPEITAR O TEMPO E OPROCESSO.

Nono passo, ENFRENTAR AS RECAÍDAS COM AMOR.

Décimo passo, NÃO DESISTIR.

O caminho da recuperação pode serlongo e desafiador, mas cada dia limpo é uma celebração da vida e daliberdade.

Aqui deixo as palavrasde minha mãe, para todas as famílias.

Não espere que a recuperação de seu ente querido resolva todos os seus problemas, tome asrédeas da sua vida e dê o primeiro passo. Inicie a sua recuperação, assim, dando o exemplo, faça mudanças porque quando eu mudo tudo muda ao meu redor.

Entre em recuperação você também, lendo, entendendo, participando de um grupo, fazendo terapia, se conhecendo.

Você verá a sua mudança, a cura de sua codependência vai encorajar todos ao seu redor.

Eis ai o primeiro passo.

Dependência Química é uma doença comportamental que afeta toda a família.

Dê o primeiro passo.Com Carinho,

Marisa Silva.

Aqui deixo as palavras do meu pai, para todasas famílias.

VÍCIOS MORAIS

Entende-se como vícios morais o exagero e o descontrole de alguns indivíduos na sua maneira constante de pensar, agir e se comportar, colocando-se um contra o outro, ou contra os outros na disputa dos valores materiais e morais, sendo um hábito que nos arrasta pelo mal.
Como exemplo podemos citar a vaidade, o ódio, a inveja, o orgulho, o ciúme, a ganância, o preconceito, a vingança, e principalmente o egoísmo, que é o mais perigoso de todos! O vício pela dependência química; álcool, drogas e demais substancias ilícitas, perigoso a todos, vícios que assombram toda a sociedade atingem as famílias, devemos estar sempre atentos diante deste fantasma, que a qualquer momento de surpresa pode pegar um de nossos entes queridos pela perna e joga-lo no chão, na sarjeta, sei lá e tirar a boa convivência, a boa harmonia familiar, trazer tristezas, insegurança ou tudo que será pelo lado do mal, por isso então meus amigos que estejamos sempre atentos no aprendizado, buscando um pouquinho de sabedoria para que um dia possamos modificar, que nos alivie e não sentimos

impotentes ao que nos assola, tendo serenidade para aceitar as coisas que não conseguimos mudar, para terem coragem de mudar aquelas que conseguimos e sabedoria para aceitar aquelas que não conseguimos mudar!
Rogamos e entregamos a Deus, para que tome conta e dê o destino a aquelas coisas que não podemos modificar e que nos aliviem não sentimos impotentes ao que nos assola.
A palavra vício (do latim vitium, "falha ou defeito") apresenta vários significados no dicionário, mas, no que diz respeito aos vícios humanos, podemos considerar como sendo: imperfeição grave; disposição natural para praticar o mal e cometer ações contrárias à moral; tendência ou conduta superficial, prejudicial ou censurável, capaz de realizar algo indecoroso, nocivo e/ou censurável.
O vício passa a ser encarado como problema quando associado a qualquer tipo de dependência, química, orgânica, psicossocial, psicoemocional.

Em resumo, eu vos convido a combater todos os tipos de vícios da maneira que cada um puder.
Somente assim poderemos construir um mundo melhor e alcançar a verdadeira felicidade, tanto neste plano quanto no espiritual.

Com Carinho,

Ivanir Luiz da Silva.

7

Clínicas Particulares x Clínicas Gratuitas

Clínicas Particulares

Custo: O tratamento em clínicas particulares geralmente envolve custos diretos para o paciente ou seu seguro de saúde. Estes custos podem ser significativos, mas muitas vezes garantem acesso rápido e a tratamentos de alta qualidade.

Qualidade e Personalização do Atendimento: Clínicas particulares frequentemente oferecem um alto nível de atendimento personalizado, com mais tempo dedicado a cada paciente e acesso a especialistas altamente qualificados.
Infraestrutura e Recursos: Tendem a ter infraestrutura moderna, com acesso a tecnologia de ponta e uma ampla gama de tratamentos e terapias disponíveis.

Tempo de Espera: Um dos principais benefícios é a redução significativa nos tempos de espera para tratamento, o que pode ser crucial para condições que exigem atenção imediata.

Privacidade e Conforto: Geralmente oferecem maior privacidade e conforto, com instalações que podem incluir acomodações semelhantes a hotéis, espaços privativos e outros serviços complementares.

Clínicas Gratuitas

Custo: Como o nome indica, clínicas gratuitas oferecem tratamento sem custo ou a um custo muito reduzido para o paciente, tornando o acessoao tratamento possível independentemente da situação financeira.

Recursos Limitados: Embora forneçam cuidados essenciais, essas clínicas podem ter recursos limitados em termos de equipamentos, tratamentos disponíveis e pessoais, em comparação com o setor privado.

Tempos de Espera: Devido à alta demanda e ao financiamento limitado, os pacientes podem enfrentar tempos de espera mais longos para receber tratamento ou para consultasespecializadas.

Diversidade no Atendimento: O atendimento pode variar significativamente dependendo da localização e do financiamento disponível. Em alguns casos, as clínicas gratuitas podem oferecer serviços excelentes, comparáveis aos do setor privado.

Acesso Universal: O principal benefício das clínicas gratuitas é proporcionar cuidados de saúde acessíveis a todos, independentemente de sua situação econômica, garantindo que ninguém fique sem o tratamento necessário por motivos financeiros.

Financiamento e Apoio: As clínicas gratuitas são frequentemente financiadas por governos, organizações sem fins lucrativos ou doações, o que pode afetar a disponibilidade e a qualidade dos serviços oferecidos.

As drogas são capazes de destruir por completouma pessoa, seus relacionamentos e sua vida. Não permitaque elas arranquem de você tudo o quevocê mais ama. Não permita que elas substituam a sua identidade e o amor dos seus amigos e da sua família. Você está no comando da sua vida. Não deixe que o seu capítulo atual defina o resto da história! Permita-se sonhar com um futuro livre das drogas e dê o seu máximo para torná-lo realidade! Você é capaz de transformar a sua história!

Conclusão

A escolha entre clínicas particulares e gratuitas dependerá das necessidades individuais, condições médicas, urgência do tratamento, e recursos financeiros disponíveis. Enquanto clínicas particulares podem oferecer um atendimento mais rápido e personalizado, as clínicas gratuitas desempenham um papel vital no fornecimento de acesso a cuidados de saúde essenciais para aqueles que de outra forma não poderiam arcar com os custos do tratamento. Ambos os tipos de clínicas são fundamentais para um sistema desaúde

Referências de Clínicas

Clinica Sulmed em Itapeva/MG

HTTPS://clinicasulmed.com.br
Clínica de Recuperação de Drogas - Itapeva-MG -(35) 99982-3157 |(35) 98849-3659

Fazenda da Esperança

https://fazendaesperancapa.com.br/

Clínica de Recuperação de Drogas - Pouso Alegre - MG.
+55 (35) 9 9151-1967 / +55 (35) 9 9138-7599

Centro de Tratamento Integradas de Pindamonhagaba - SP

HTTPS://ctintegradas.com.br/

(12) 3645-1311 / 3645-2265 / 3522-2922
(12) 9 8164-8361 / 9 7407-1032 (24 horas)
ctpinda@gmail.com

Rede de Apoio

Amor Exigente https://amorexigente.org.br/

AL-ANON

https://al-anon.org.br/

Grupos Familiares Al-Anon do Brasil - SãoPaulo - SP - (11) 3331-8799 / 3222-2099

CONSIDERAÇÕES FINAIS

À medida que encerramos nossa exploração sobre a jornada de recuperação da dependência, a sobriedade e a reconstrução da vida, é fundamental refletir sobre as ideias-chave e incorporá-las ao caminho à frente. A recuperação é tanto uma jornada quanto um destino, repleta de aprendizados, crescimento pessoal e transformação. Aqui estão algumas considerações finais para manter em mente:
É um processo contínuo: Não há um ponto final na jornada da; é um compromisso diário com o bem-estar pessoal. Cada dia é uma nova oportunidade para fortalecer sua resiliência e avançar em direção a seus objetivos.

Autoconhecimento e autocuidado são essenciais: Entender suas próprias necessidades, limites e gatilhos pode ajudá-lo a navegar melhor nessa jornada. Práticas de autocuidado, como atividades físicas, meditação, hobbies são componentes vitais do bem-estar geral.
Flexibilidade e paciência: O caminho pode ter altos e baixos. Ser flexível e adaptável diante dos desafios, além de praticar a paciência com você mesmo e com o processo, é crucial para o sucessoem longo prazo.

O processo é único e individual: O que funciona para uma pessoa pode não funcionar para outra. Respeite seu próprio ritmo, experiências e processos de cura. Personalize sua jornada de recuperação para atender às suas necessidades individuais.

Ao avançar, lembre-se de que a jornada é construída dia após dia, escolha após escolha. Apesar dos desafios e obstáculos, o caminho em direção ao bem-estar vale cada passo. Com comprometimento, apoio e as estratégias certas, pode ser a porta para uma nova vida repleta de possibilidades, crescimento e realização.

Lembre-se de que cada pessoa é única, e o processo de recuperação pode variar. Buscar ajuda profissional e participar de grupos de apoio é fundamental para seguir esses passos com sucesso.

Para os dependentes químicos, a jornada da recuperação é árdua. Se você é um dependente em busca da recuperação, ou se conhece alguém assim, leia sempre mensagens e textosmotivacionais para ajudar nopercurso rumo à sobriedade.
Com um pequeno passo por dia, você écapaz de reescrever sua história.“Lembre-se de que o presente, a sua situação atual, não define o seu futuro, a menos que você assim o permita.”

Pode parecer impossível, você pode achar que não é capaz, que vai fraquejar, mas tenha fé em você! Acredito na sua capacidade de transformar a sua vida para melhor! Não desista! Não perca essa batalha, não se permita virar uma estatística.
Há muitas pessoas que se importam com você e que vão ficar muito felizes com a sua recuperação!

Confie nesse desejo de mudar que nasceu dentro de você! Confie que é capaz de superar esse vício antes de ele te consumir por completo. Confie na sua força, na sua coragem, na sua resiliência. E saiba que você é, sim, capaz de vencer essa luta.

Deticatória

Queridos leitores,

É com profundo carinho e gratidão que dedico este livro a todos aqueles que, de alguma forma, estiveram envolvidos nesta jornada de superaçãoe esperança.
À Marisa, minha mãe, cujo amor incondicional e força nos inspiraram a enfrentar os desafios da vida com coragem e resiliência.
Ao Ivanir, meu pai, cuja sabedoria e apoio constante foram pilares fundamentais na nossa trajetória.
À Isabela, minha irmã, que sempre esteve ao meu lado, mesmo nos momentos mais difíceis, com seu sorriso e compreensão.
À minha companheira Priscila, que esteve ao meu lado durante todo o processo. Seu amor, paciência e compreensão foram fundamentais para que eu pudesse escrever estas palavras e compartilhar essa história com o mundo.
E, por fim,

Ao Junior, meu irmão, que enfrenta essa batalha contra a dependência com bravura e determinação. Sua história é a semente deste livro, e sua coragem é um exemplo para todos nós.

Que este livro possa ser uma luz para aqueles que buscam a esperança, a cura e a transformação. Que possamos juntos quebrar os grilhões da dependência e construir um futuro mais saudável e pleno.

Com amor e gratidão,

Caroline Luiza Silva.

www.ingramcontent.com/pod-product-compliance
Lightning Source LLC
LaVergne TN
LVHW091618170726
843492LV00007B/2488

* 9 7 8 6 5 0 1 0 1 2 0 2 5 *